Arq. Julio A. Puy

El Dibujo en la construcción

Perspectivas rápidas: croquis y bocetos

2002

LIBRERIA Y EDITORIAL ALSINA

Paraná 137 - (C1017AAC) Buenos Aires
Telefax (054)(011) 4373-2942 y (054)(011) 4371-9309
ARGENTINA

Diseño de Tapa, diagramación de interior, y armado de e-book:
Pedro Claudio Rodríguez
Telefax (054) (011) 4372-3336
Celular   (15) 4444-9236

I.S.B.N 978-950-553-247-6

Dedicado a Marta

Indice Temático

Mensaje al Dibujante

El presente manual tiene por objeto enumerar y detallar algunas pistas para el dibujo didáctico, fundamentalmente aplicado a la construcción.

Comprende una mezcla de reglas del dibujo técnico y otras del dibujo plástico, pero utilizadas en forma simple, sencilla. No niega las normas de la técnica ni la fantasía creadora: por el contrario, las funde en una sola, para lograr una técnica rápida y de fácil confección.

Cada dibujante puede desarrollar un método personal, con características propias, que le sirva para diseñar edificios de cualquier tipo mediante la autocrítica, observando en pocos trazos lo que está proyectando y que, a su vez, le permita comunicarse con clientes y proveedores.

Es imprescindible que se analicen los bocetos que se muestran a continuación con carácter didáctico, como si fueran láminas: es decir, observando el dibujo completo, incluyendo el paisaje que rodea al edificio, la sensación que producen los "elementos" que lo acompañan, independientemente de los "diseños o estilos arquitectónicos".

El boceto debe ser fácil y rápido. Debe poder efectuarse en veinte o treinta minutos, y utilizando una hoja de papel y un lápiz, ¡nada más!, y al mismo tiempo, el profesional intentará que sea representativo, independientemente del tipo o importancia del edificio que muestra.

Recuerde que cuando se diseña se imagina, pero a ese proyecto imaginado se lo debe insertar en la realidad, en un lugar determinado (terreno y/o barrio ya prefijado); y por eso se lo "debe mostrar" claramente en ese lugar.

Inténtelo. Copiando, calcando, utilizando algunos elementos de precisión... como sea. La única forma de lograrlo es proponiéndoselo, gastando papeles y lápices.

¡Ah!, algo más: cuando para lograr una perspectiva determinada deba realizar varios bocetos previos, ¡no los tire!, al menos hasta haber logrado el objetivo buscado; ya que sirven de guía para no repetir errores y rescatar los aciertos. ¡Ánimo!

Mensaje al Profesional de la Construcción

El dibujo es indispensable para la comunicación eficaz entre el Proyectista y los demás: Clientes, Constructores, Contratistas, Compradores, Vendedores, y cualquier otra persona relacionada de alguna manera con la obra.

El dibujo técnico queda restringido a quienes dominan su técnica, y por lo tanto no es interpretado por la mayoría; y es por eso que las publicidades y promociones de venta de casas y departamentos se basan en perspectivas paisajísticas en las que se muestra la "unidad funcional" y sus "alrededores", como parques, jardines y calles.

Este tipo de dibujo acelera la comprensión por parte del interesado en la obra y define rápidamente la elección de materiales, formas y terminaciones.

Para quien desea construir una casa o edificio, cualquiera sea su tipo, poco le interesan los planos técnicos, los cálculos estructurales y las instalaciones complementarias. Descuenta que son de buena calidad, que están bien resultas. Lo que más le interesa es el aspecto físico del edificio y su decoración; y esto es lo que destaca la perspectiva, y el boceto a mano alzada permite modificar o adaptar en el momento y a muy bajo costo, en poco tiempo y sin la necesidad de equipamiento.

Por último, recuerde que el que dibuja, ¡es usted!

Usted elige el ángulo visual, el tamaño, la forma, la textura, absolutamente todo; y el dibujo adquiere una personalidad irrepetible.

La perspectiva rápida, a mano alzada, quizás sea la mejor herramienta que dispone el proyectista, porque permite expresar y desarrollar la idea creadora en cualquier actividad, tanto artística y técnica, como comercial.

Es muy importante el encuadre del dibujo en la lámina

El croquis a mano alzada, es el idioma adecuado para expresar las ideas sobre un proyecto. Debe ser rápido, fácil y sencillo. Su autor debe representar claramente su idea de la obra, en forma real, alegre y comercial; y para ello tiene que respetar algunas normas que veremos sucesiva y pausadamente:

❑ ***No se puede dibujar lo que no se conoce,*** *y por eso, cuando se quiere reproducir algo existente se deben observar detenidamente sus características, cada forma y la proporción de sus dimensiones.*

Ejemplo:

Cualquiera reconoce a cierta distancia a un jugador de basket por su estatura ¿Cómo sabe que es alto si no pudo medirlo? La respuesta es que todos, instintivamente, comparamos las proporciones y las formas de los cuerpos que nos rodean, y de esa forma definimos volúmenes, movimientos y distancias. De no ser así, sería imposible manejar un auto en el tránsito urbano, jugar al tenis, al fútbol o a cualquier otro deporte o actividad.

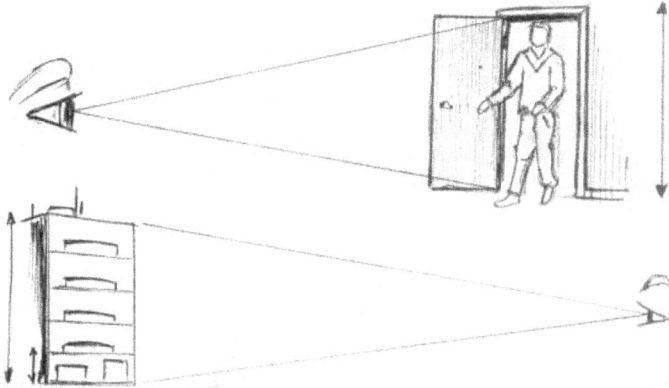

Los objetos conocidos sirven de referencia y permiten "medir" a distancia. Los dinteles de puertas y ventanas comunes, por ejemplo, se encuentran entre 2 y 2,10 metros de altura, en general. Si comparamos, podremos estimar la estatura de cualquier persona que pase cerca de ellos.

Cada planta o piso de un edificio puede estimarse con una altura de 3 metros aproximadamente.

Ambos ejemplos son referencias válidas para un cálculo rápido de altura transferibles a nuestros dibujos.

❑   *El dibujo debe mostrar el edificio desde un ángulo adecuado, el que convenga, no "el que salga".*

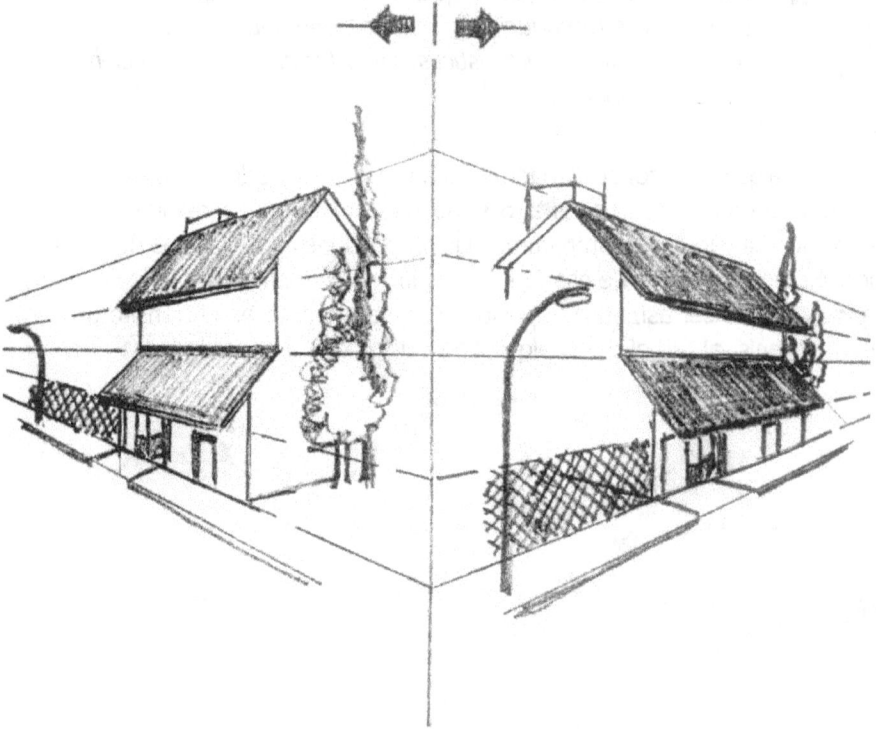

❑   *El **proyectista** imagina cada parte del edificio, le da forma, lo dimensiona y para ello lo dibuja.*

❑   *En su carácter de **constructor** lo define con el lápiz, deci-diendo materiales, texturas y colores.*

❑   *En su aspecto de **empresario** le da al dibujo un aspecto ale-gre, estético y valioso.*

❑   *El proyectista, el constructor y el empresario, conforman una sola persona: el **profesional**.*

Boceto de una obra cuyo proyecto ya fue resuelto en plantas y cortes. En realidad esta perspectiva cumple la función de una vista (fachada).

- ❏ *Nótese que el ángulo elegido permite apreciar el jardín, la ventana saliente de la planta baja y el balcón. Si el ángulo visual elegido hubiera sido el opuesto (como si se viera desde la otra esquina), no se verían en el dibujo.*

- ❏ *En este caso, la perspectiva puede trabajarse un poco más a través de colores y representaciones, para detallar aún más los materiales y características del edificio.*

Este ángulo visual permite mostrar la entrada principal y la cochera.

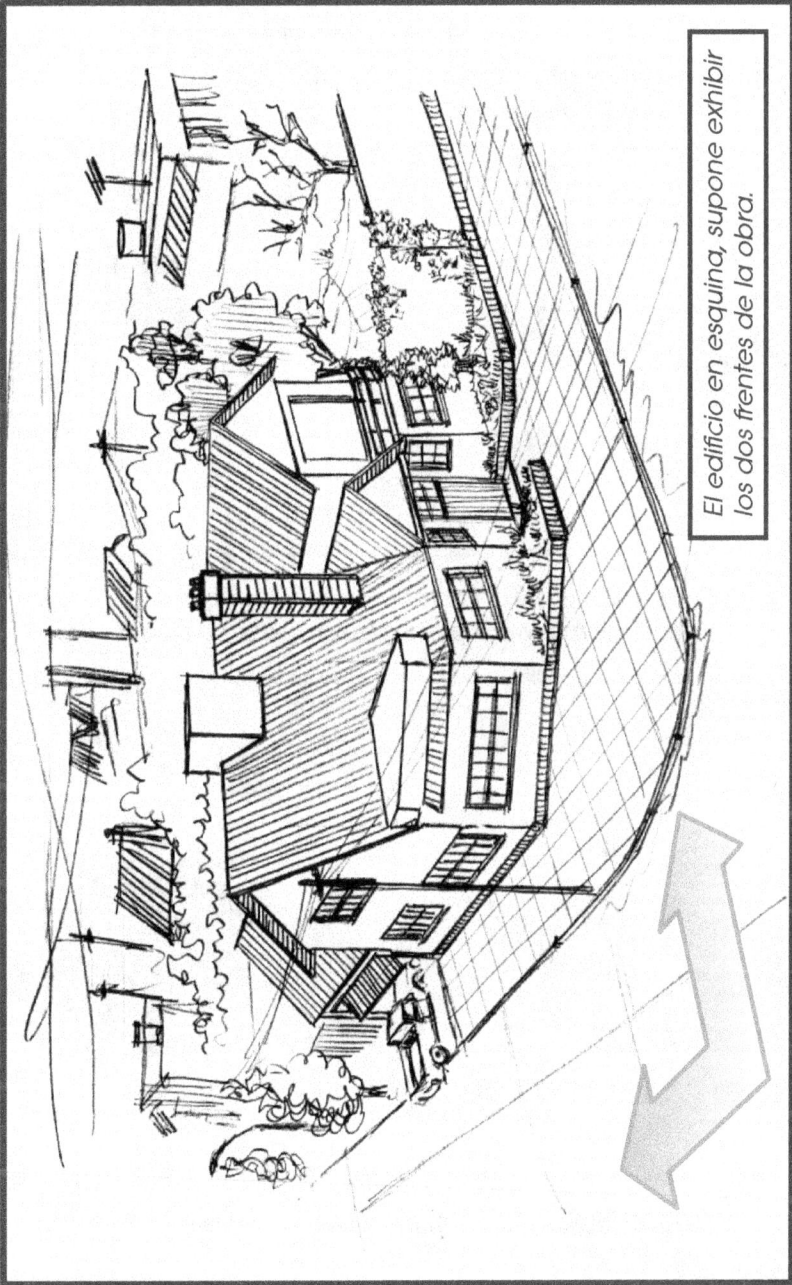

El edificio en esquina, supone exhibir los dos frentes de la obra.

¡No lo olvide!

- ❏ *Los puntos de fuga siempre son tres, aunque la perspectiva sea interior o exterior.*

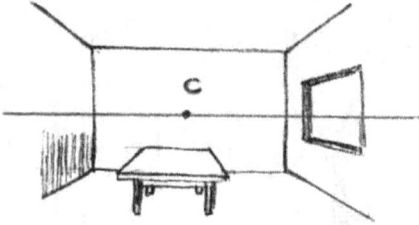

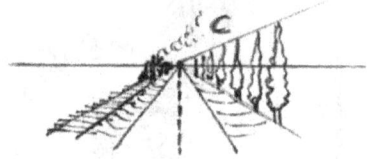

."c" punto real sobre el horizonte _

- ❏ *En ambos ejemplos, interior y exterior, se trabajó con un punto de fuga real y dos en el infinito (lineas paralelas).*

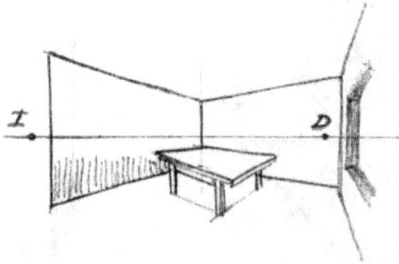

."I" punto real izquierdo, "D" punto real derecho._
. Ambos puntos reales están sobre el horizonte._

- ❏ *Estos ejemplos muestran las fugas a dos planos reales y uno en el infinito (lineas verticales).*

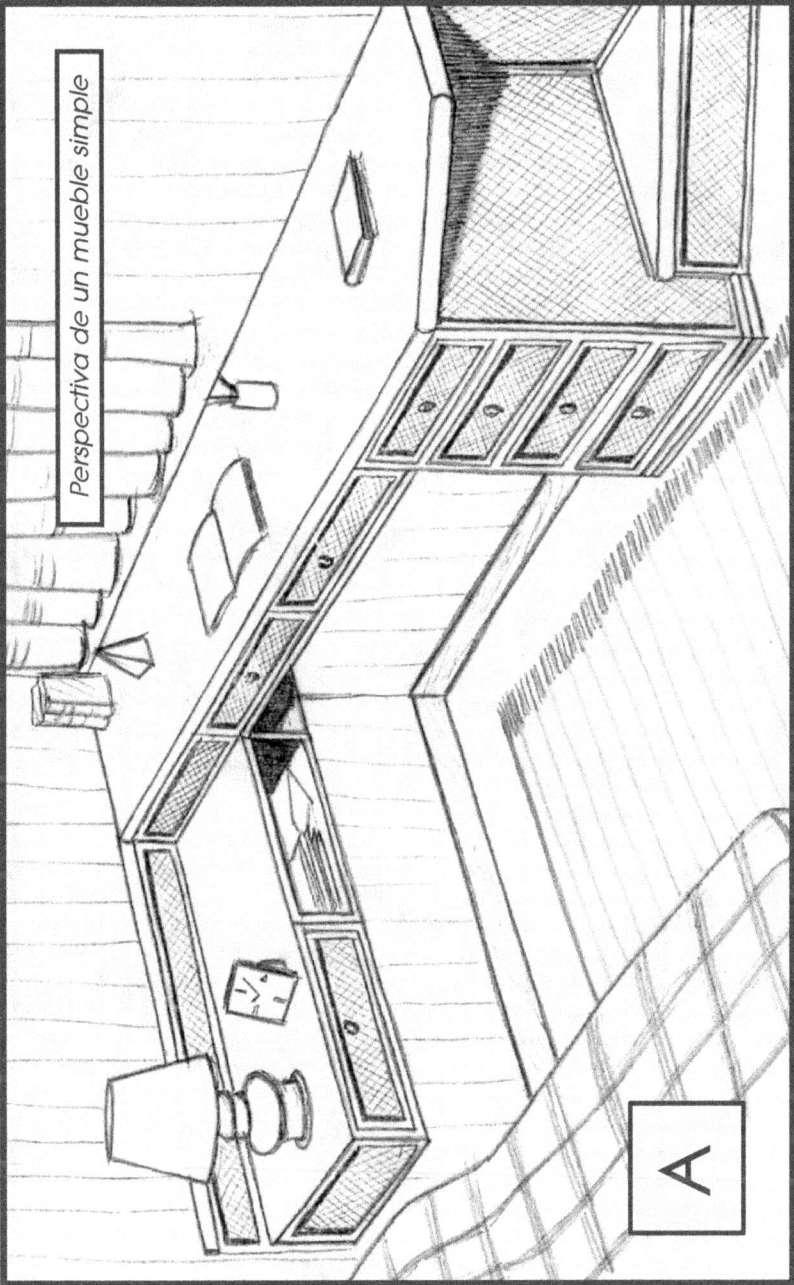

Perspectiva de un mueble simple

A

Perspectiva interior a mano alzada

B

A

El boceto A (pág. 16) destinado a mostrar el amoblamiento de un dormitorio simple, responde a las siguientes características:

① El escritorio/mesa de luz en ángulo se caracteriza por tener un solo apoyo en el piso (cajonera) y estar "colgado" de la pared en el otro extremo.

② Se insinúa la cama y no se dibujó la silla, por no tapar el diseño del mueble.

③ Nótese que la línea del horizonte (no está dibujada) se encuentra arriba, fuera de la hoja, debido a que el enfoque de la perspectiva simula la visión de una persona adulta y de pie.

④ No se representaron las sombras arrojadas por el mueble, evitando, de este modo, ocultar parte o detalles del mismo.

B

En este caso se representa un local completo (pág. 17), amplio; visto desde otro local tipo antesala:

① La supuesta visión de una persona de pie, provoca en este caso que la línea del horizonte se encuentre a media altura.

② Se puede observar que las vigas del cielorraso y la base de la arcada "fugan hacia la derecha", los parantes laterales de la arcada y las patas de las mesas son verticales (es decir que fugan hacia un punto en el infinito, en el cielo); y las partes altas y bajas de las cortinas, así como las ventanas, fugan hacia la izquierda.

③ Si se continúan ambas fugas, se comprobará que se unen en los puntos "de fuga" que se encuentran sobre la línea del horizonte, y que las líneas verticales son paralelas entre sí y generan el tercer punto de fuga.

④ Sólo se resaltaron algunos efectos de sombras en los marcos de las ventanas y bajo los estantes.

❏ *Cuando se trata de una creación, de un proyecto que se tiene en mente, el movimiento de la mano permite ir dándole forma a la idea. El lápiz es la herramienta que va registrando lo que imaginamos y nos permite ir modificando el dibujo a través de la apreciación de nuestros ojos. Es un camino de ida y vuelta. Debe ser así. Modificamos sobre lo hecho, sin borrar, apretando el lápiz, oscureciendo los trazos.*

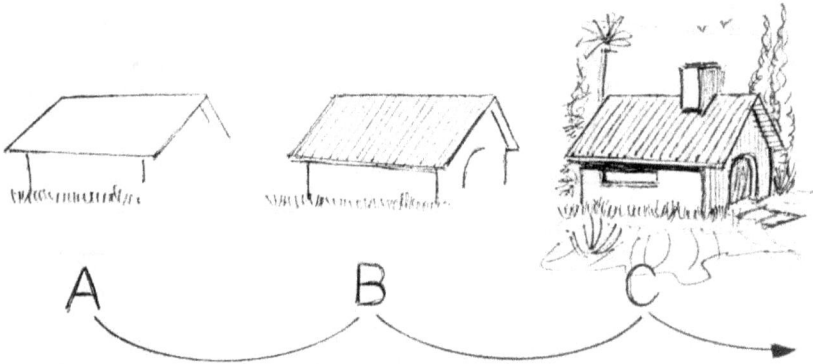

A   B   C

❏ *La idea que va tomando forma en nuestra imaginación se va modificando constantemente. La mano es mas lenta que el pensamiento y por eso podemos ir modificando el dibujo todas las veces que lo consideremos apropiado hasta llegar poco a poco a nuestro objetivo.*

❏ *Cualquier método es válido cuando se trata de ganar tiempo y calidad. En este sentido, es aconsejable superponer paneles transparentes o trabajar sobre un vidrio para poder calcar ángulos visuales o detalles generales.*

❏ *Otra posibilidad consiste en fotocopiar un boceto, reformar el original a gusto y volver a fotocopiarlo. Esto permite lograr bocetos similares sobre un mismo tema en pocos minutos.*

¡Este dibujo es el mismo que los dos anteriores!
Muestra el proceso de modificaciones que se van evaluando mientras se proyecta. A medida que la mente imagina, el lápiz va representando en el papel; y a su vez, a medida que el proyectista "ve" el resultado en el papel va modificando la imagen de acuerdo a sus intenciones.
Se fue modificando la forma del techo y después su textura, a través de rayados o cuadriculados (Nótese el resto del dibujo es casi el mismo).
Para que sirva en el proceso de proyecto, el dibujo debe ser rápido y fácil de llevar a cabo.

3

Consejos útiles

✐ *La técnica basada en lápiz negro, permite modificar el dibujo con sólo variar la presión ejercida sobre el mismo.*

✐ *La técnica basada en la tinta ofrece menor margen de error, es más difícil de corregir. Se basa en la proximidad de las líneas y la variación de sus espesores.*

✐ *Con cualquiera de las técnicas que se adopte, es fundamental "tirar algunas líneas" en borrador. Permitirá analizar y resolver las características del dibujo que se desea realizar.*

✐ *Si se suma la técnica de la fotocopia, se logran variantes sobre el mismo dibujo en forma rápida y didáctica.*

✐ *No es necesario definir cada detalle del proyecto, se debe insinuar. No es aconsejable dibujar teja por teja, o cada ladrillo a la vista: se los representa con líneas, rayados, punteados, etc.*

✐ *Es válido calcar o copiar bocetos hasta adquirir experiencia. Paulatinamente se los dejará de lado para ganar velocidad.*

✐ *Es importante la ambientación que enmarca al edificio: árboles, calles, casas vecinas, parquización; y si es posible, la insinuación de un vehículo, indicará favorablemente la existencia de una cochera, estacionamiento o circulación.*

PROCESO DE PROYECTO
*El pensamiento va tomando forma a
través del lápiz y se va modificando.*

*El dibujo de la planta
baja reproduce el edificio
existente que el proyectista
desea ampliar.*

*El dibujo en planta alta
es una expresión de lo
que el dibujante está
imaginando.*

BOCETO RÁPIDO DE UNA OBRA
AMPLIACIÓN EN PLANTA ALTA

✍ Nótese que es tan simple el proyecto que conviene enriquecer el dibujo con el paisaje urbano, "como si fuera un marco".

✍ No se trata de falsear los hechos, sino de "hacer más real la imagen".

❑ *El Boceto rápido le permite al proyectista ver en el papel lo que se está proponiendo.*

❑ *El mismo se constituye en el primer crítico del proyecto; y como tal, agrega, saca y modifica elementos.*

❑ *La representación de los volúmenes (techos, chimeneas, etc.) puede proporcionarse mejor, pueden cambiarse algunas medidas, ángulos y hasta posiciones.*

❑ *Las modificaciones pueden ser infinitas, pero el proyectista, al verlas dibujadas siente: ¡Me gusta!, ¡Esto no queda bien!, Debería modificar esto o aquello..., etc.*

Esta perspectiva y la siguiente tienen la misma base (se ven desde el mismo ángulo y la misma altura), y el mismo entorno suburbano.

Este boceto es el mismo que el anterior, solo se han modificado los techos y la carpintería. El proyectista puede comparar distintas corrientes arquitectónicas.

Algunas reglas prácticas a tener en cuenta:

❏ *Cuando el* **proyectista/dibujante** *se encuentra ante el papel, debe concentrarse y decidir qué es lo que desea mostrar en el dibujo.*

❏ *Para ayudar a la imaginación, puede trazar tres líneas horizontales (muy suaves, sin apretar el lápiz), que le servirán de referencia para determinar el "horizonte del dibujo".*

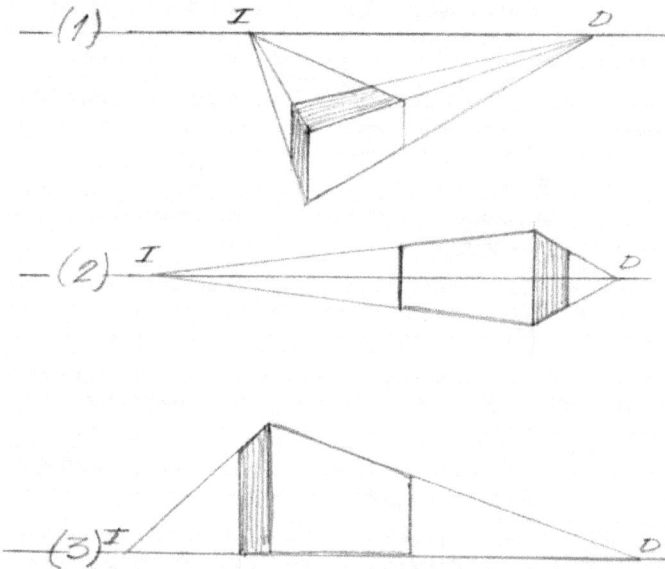

❏ *Si se optó por la línea más alta como horizonte (1), el edificio se verá desde arriba, como desde un "helicóptero o edificio alto".*

❏ *Si se decidió por la línea media (2), el horizonte quedará detrás del edificio, y se verá como lo ve "cualquier persona desde la vereda de enfrente".*

❏ *En la tercera opción, el horizonte en la posición más baja (3), permite ver el edificio como si el observador "estuviera dentro de un pozo".*

> ✎   Cualquiera de las opciones es válida, pero depende del criterio de lo que se quiera mostrar.
> **¡ No son iguales !**
> El proyectista/dibujante debe elegir la que juzgue más apropiado. ¡ **La que él quiera !**

Para ello debe:

1. Analizar las proporciones del edificio que quiere dibujar: si es muy alto, el ancho total de su frente, la proporción entre ambas medidas.

2. Pensar en qué es lo que más quiere destacar: los techos, el frente en sí mismo o la entrada al edificio.

3. Debe tener presente que de esa decisión dependerá el paisaje que complemente la perspectiva: el barrio, las casas vecinas o solamente el jardín del frente y la calle.

Ejemplos:

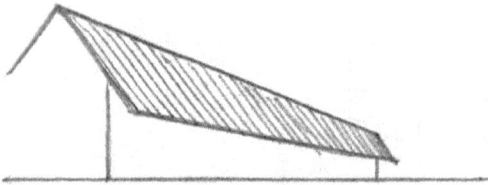

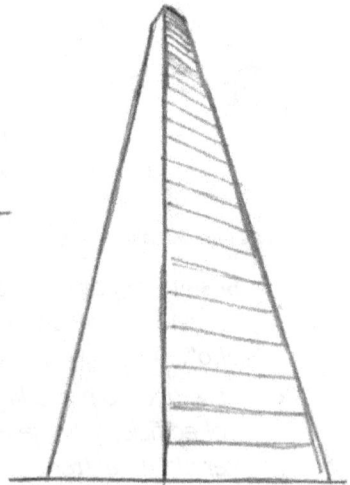

Por más largo o alto
que fuese el edificio,
estas fugas son
exageradas..
No realzan el proyecto,
por el contrario,
lo desfavorecen.

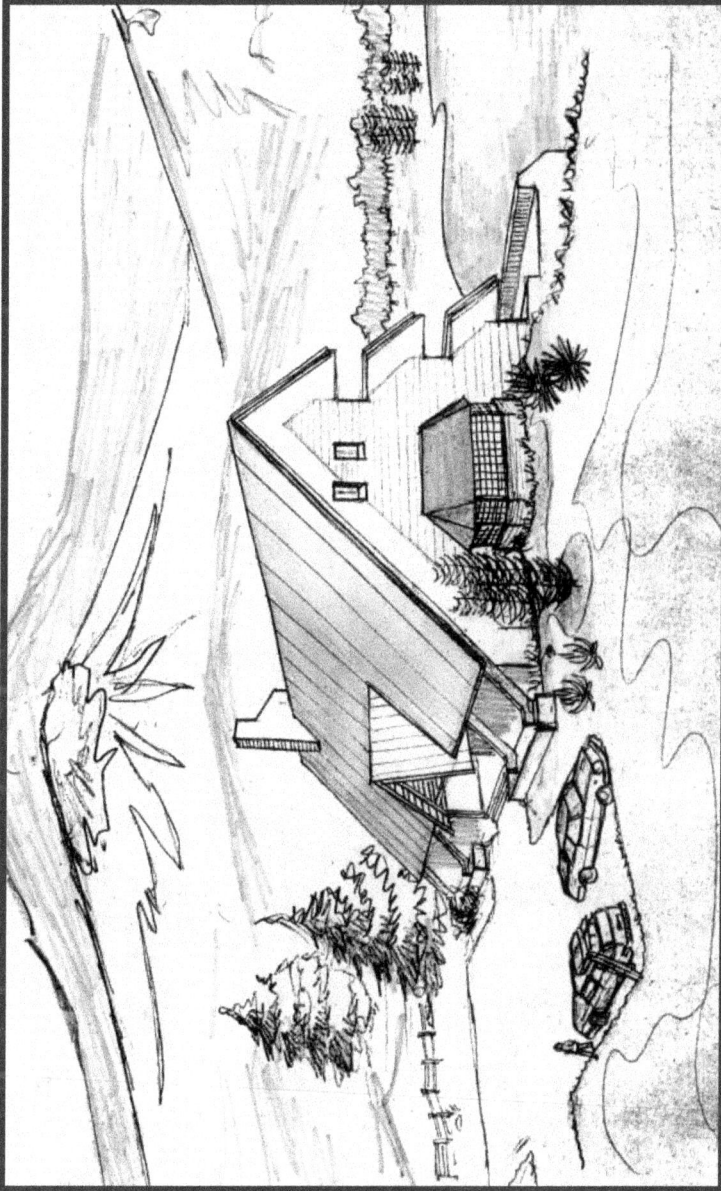

Este boceto muestra el contraste de un paisaje andino con un edificio destinado a turismo.

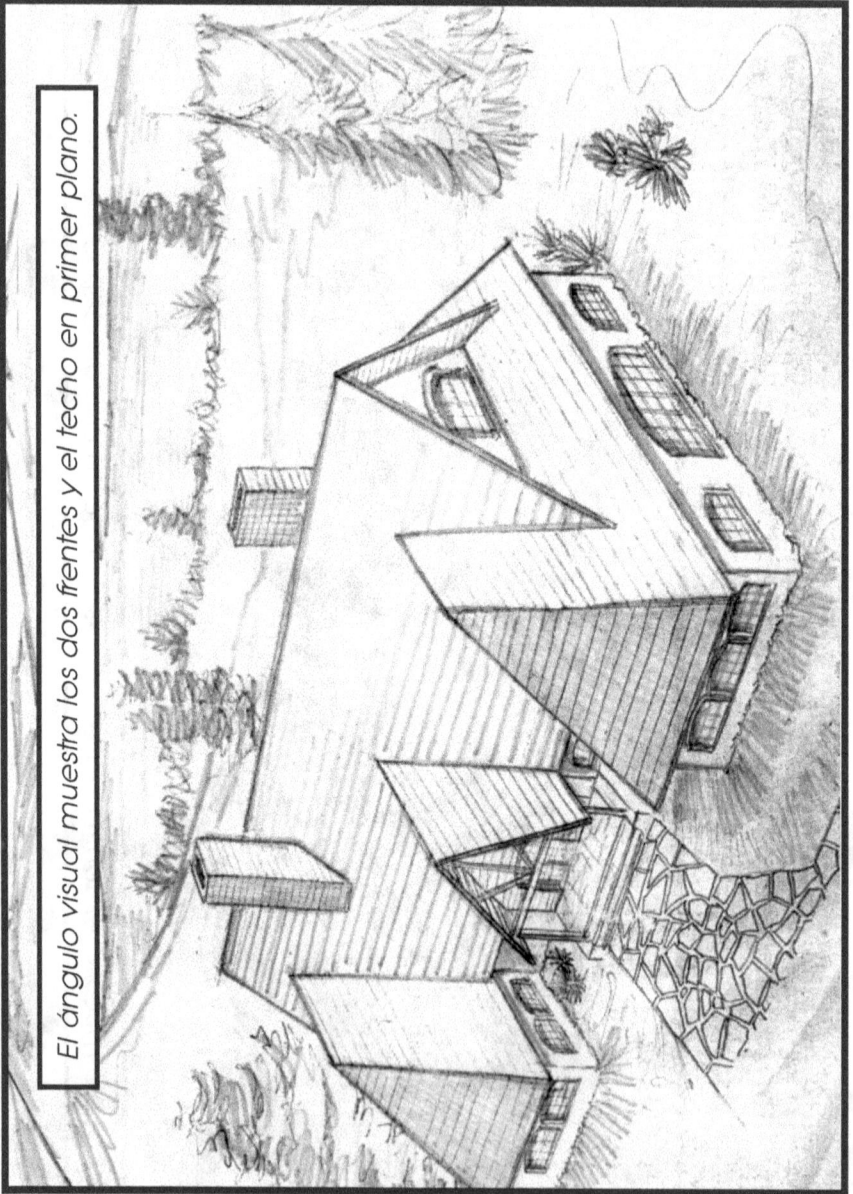

El ángulo visual muestra los dos frentes y el techo en primer plano.

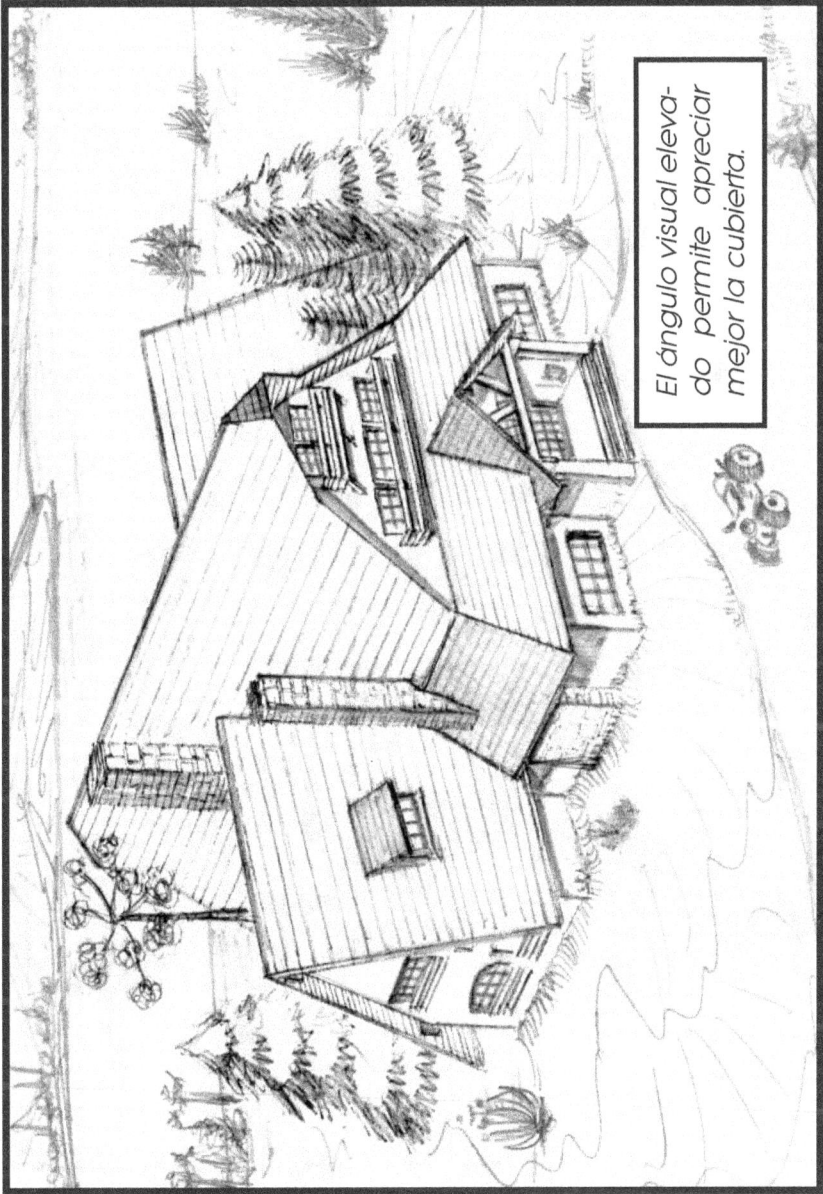

El ángulo visual elevado permite apreciar mejor la cubierta.

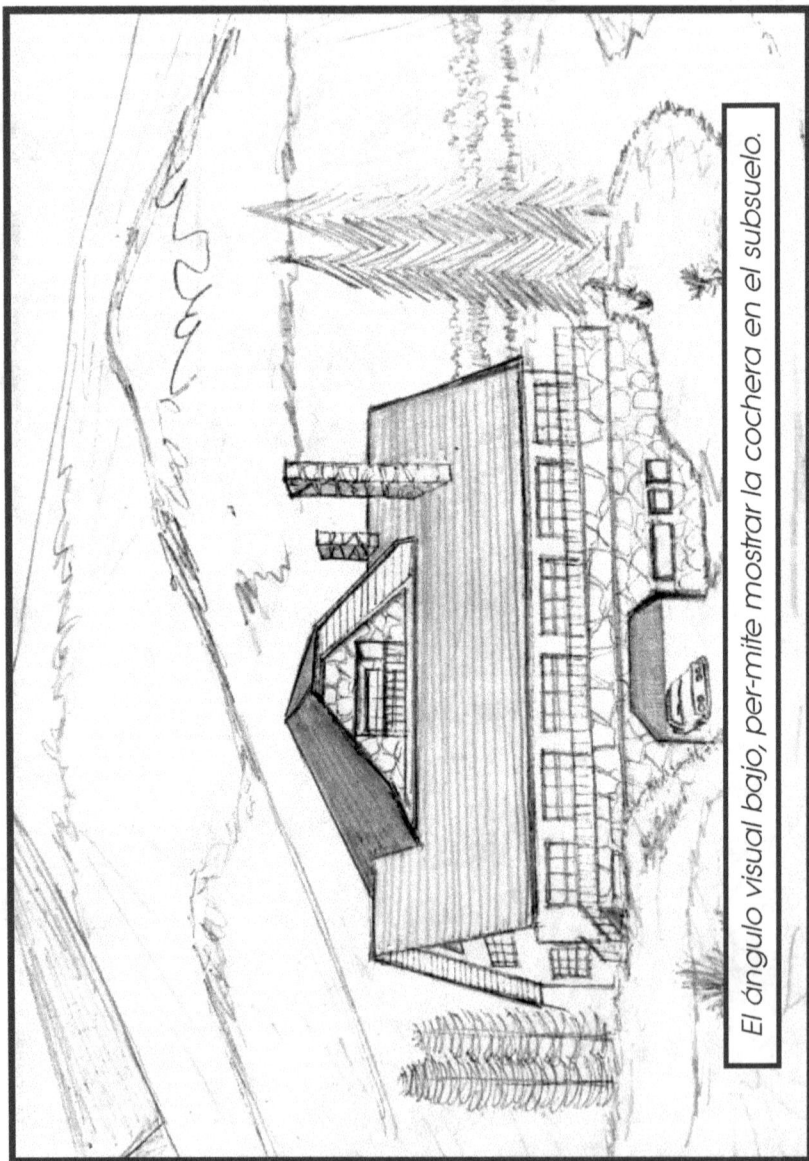

El ángulo visual bajo, per-mite mostrar la cochera en el subsuelo.

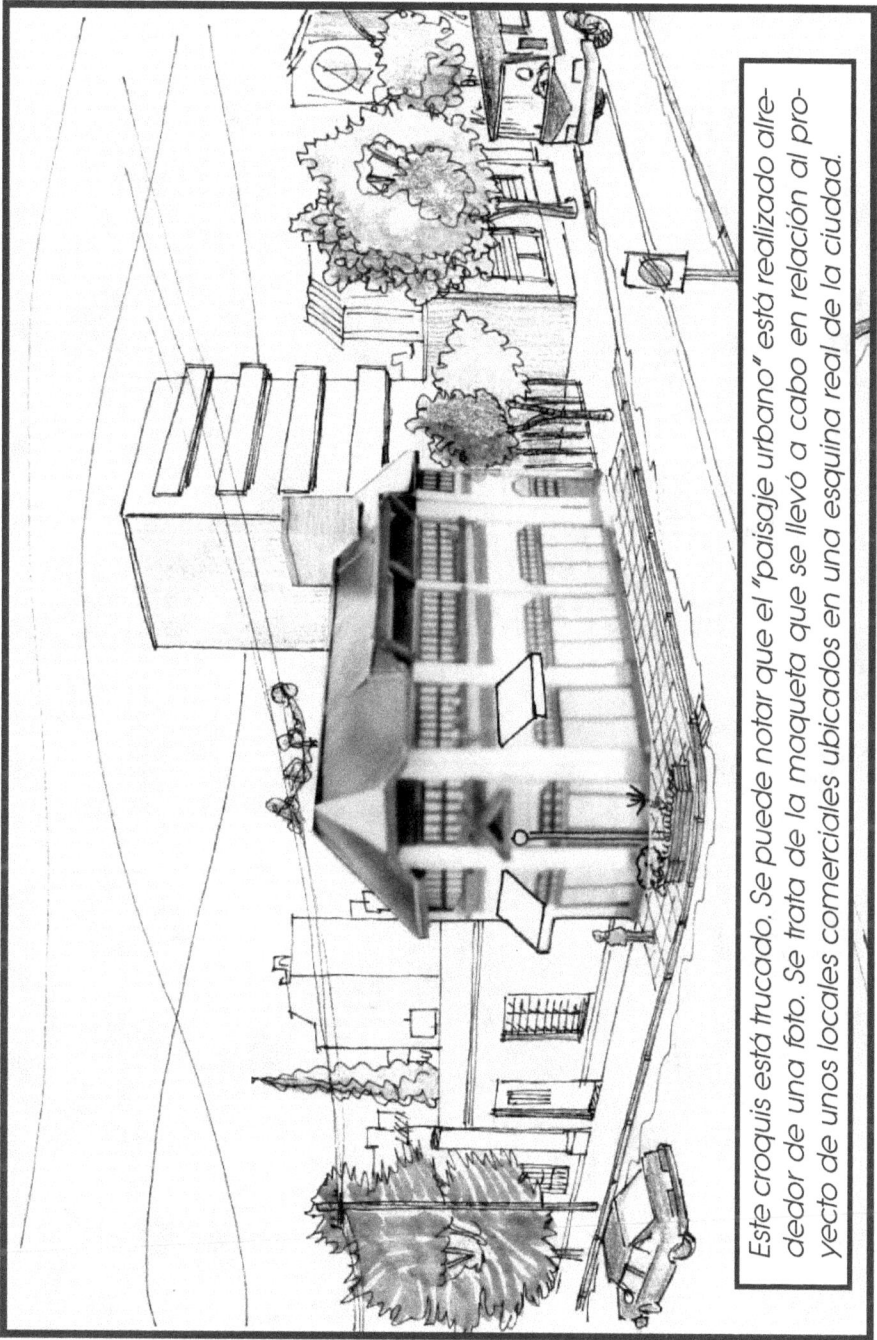

Este croquis está trucado. Se puede notar que el "paisaje urbano" está realizado alrededor de una foto. Se trata de la maqueta que se llevó a cabo en relación al proyecto de unos locales comerciales ubicados en una esquina real de la ciudad.

Currículum Vitae - Arq. Julio A. Puy

Estudios cursados:

Universitario: Arquitecto
Facultad de Arquitectura y Urbanismo, Universidad Nacional de La Plata
15 de mayo de 1974, Matrícula 20.400 (Colegio de Arquitectos Bs. As.)

Cursos y Especializaciones:

Arquitectura Solar, Dictado por el Instituto de Arquitectura Solar organizado por la Sociedad de Arquitectos, Distrito II de Buenos Aires.

Tasaciones Urbanas Dictado por el Colegio de Arquitectos de Bs. As., Distrito II de Buenos Aires.

Barreras urbanas - La Ciudad para Todos, Dictado por la Sociedad Central de Arquitectos, Facultad de Arquitectura de Buenos Aires.

Metodología Intelectual - Lectura Veloz y Nemotecnia
Dictado por Instituto Nacional del Método.

Formulación de Proyectos, Dictado por la Fundación Educación y Trabajo, Universidad Tecnológica.

La Educación Polimodal, Trayecto Técnico Profesional
Dirección General de Cultura y Educación, Consejo General, La Plata, Bs. As.

Antecedentes laborales:

Profesor Titular en el Ciclo Superior, especialidad Construcciones, Escuela de Enseñanza Técnica Nº 1 de Llavallol (Av. Antártida Argentina 2750, Llavallol, Lomas de Zamora, Buenos Aires), desde abril de 1972 hasta la actualidad.

Tasador del Banco de la Prov. de Buenos Aires (Legajo 236)
Desde junio de 1984 hasta 2000.

Curso sobre Construcciones en Seco, Nuevos Sistemas Constructivos, Dictado en el centro de Construcciones de Lomas de Zamora

Conferencia sobre Construcciones en Seco, Participación en el Colegio de Arquitectos de Lomas de Zamora.

Miembro activo de la Articulación de la Educación Polimodal, Trayecto Técnico Profesional, Diseño de Programas de Estudio, Dirección General de Cultura y Educación, Consejo General.

Columnista profesional, Suplemento semanal de Arquitectura Diario La Unión, Lomas de Zamora (1978/79).

Algunas de las obras ejecutadas:

QUINTA PRESIDENCIAL DE OLIVOS, Bs. As.
Asuni Señor, Decoración c/mobiliario.

HOTEL INTENACIONAL, Fontao
Proyecto y Documentación Técnica, Bariloche, Río Negro.

FONTAO S.A., Parrilla/Bodega Familiar
Proyecto y Asesoramiento, La Coruña, Galicia, España.

FONTAO S. A., Local de Ventas
Proyecto y Decoración, La Coruña, Galicia, España.

Estación de Servicio y Dependencias
Asesoramiento y Representación técnica, Camino de Cintura, Burzaco.

Estación de Servicio de Gas Comprimido
Proyecto y Dirección de Obra, Cno. de Cintura y Av. Irigoyen (rotonda), Burzaco.

ASOCIACION MEDICA LOMAS DE ZAMORA
Dependencias y Farmacia, Proyección y Dirección de Obra, Av. H. Irigoyen 8439, Lomas de Zamora.

ESCUELA COMERCIAL TOMAS ESPORA
Reciclaje, Proyecto y Dirección de Obra, Santa M. de Oro 44, Temperley.

ESCUELA BIECKERT
Reciclaje, Reparaciones y Representación Técnica, Av. Antártida Argentina 2635, Llavallol.

Varios proyectos en Establecimientos Industriales, Locales Comerciales, Viviendas Familiares, como así también Modificaciones e Informes Técnicos y Diseño de mobiliario.

www.ingramcontent.com/pod-product-compliance
Lightning Source LLC
Chambersburg PA
CBHW060703280326
41933CB00012B/2284